书 香 雅 集

兵马俑

姚青锋　李金闯◎主编　书香雅集◎绘

吉林科学技术出版社

兵马

偶然的发现

　　1974年3月的一天，陕西省临潼县（现为西安市临潼区）西杨村的几个村民在抗旱打井的时候，挖出很多陶人碎片，人们称它为"瓦盆爷"。当时村民们都没有在意，认为不过是几块普通的破瓦片，没什么价值。

　　西杨村挖出"瓦盆爷"的消息不胫而走，人们纷纷前来围观，这引起了当地考古学家的重视。陕西历史博物馆的专家赶到现场，初步判定这是秦始皇陵的陪葬品，后来经过考古学家的抢救性挖掘，震惊世界的秦始皇陵兵马俑就这样呈现在世人面前。

临潼

　　位于陕西关中平原之东，素有"华夏源脉"之称，是古城西安的东大门，从周、秦到汉、唐，一直是京畿（jī）之地，历史遗迹众多，旅游资源十分丰富，秦始皇陵、兵马俑、华清池等著名历史遗迹都位于这里。

瓦盆爷

　　在兵马俑问世之前，西杨村周边的村民就曾多次挖出过陶人，这些陶人被称作"瓦盆爷"。

扫码查看

AI地理导航
听战马声纹
读陶土密码
写秦陵奇旅

庞大的地下军团

随着考古学家的挖掘，一段尘封的历史慢慢展现在世人眼前。这些出土的兵马俑都是按照真人比例制造的，样貌、发型、铠甲等都各具特色，几乎无重复。它们都是秦国士兵的"化身"，默默地陪伴着秦始皇，在地下沉睡了2000多年。

青铜兵器

在兵马俑旁边的土里，考古人员发现了大量当时的实战兵器和其他遗物。有带锋槽的箭头，有刻着铭文的戈，有的剑历经2000多年，至今依然寒光凛凛，锋利如初。

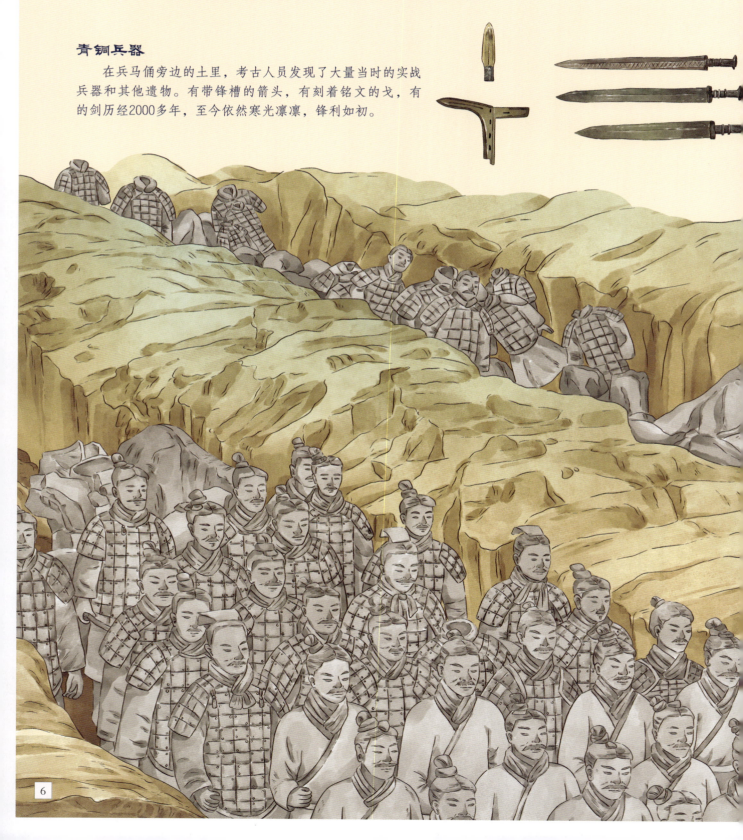

考古学家一共挖掘出4个兵马俑坑。其中，一号坑最大，呈长方形，面积达14260平方米，约有两个足球场那么大，里面共有11列纵向排列的军阵，约6000个兵马俑，俑坑以车兵为主体，车、步兵成矩形联合编队。二号坑是一个曲尺状军阵，面积约6000平方米，由骑兵、车兵、步兵和弩兵等组成，完全就是一支整装待发的宿卫军。三号坑呈"凹"字形，面积只有520平方米，坑内有一辆战车和68个武士俑，据考证，这里就是统率全军的司令部。整体来看，三个俑坑呈"品"字形排列，面积有20000多平方米，共出土陶俑、陶马8000余件。这些陶俑队伍严整，排列有序，浩浩荡荡，就像一个庞大的"地下军团"，再现了秦军扫六合的雄风，也展现了大一统王朝的宏大气势。

神秘的四号坑

位于兵马俑坑最重要的中间位置，但有坑无俑，是一座没有修建完成的兵马俑坑。不少专家认为，四号坑停工的原因，与秦末的农民起义有关。由于当时秦国兵源损耗严重，所以只能从骊山选派人手，送至前线参加战斗。也有人认为，四号坑并不是一座俑坑，而是一个专门用于取土的大坑。为周边的一号、二号、三号俑坑提供制作兵马俑的土源。

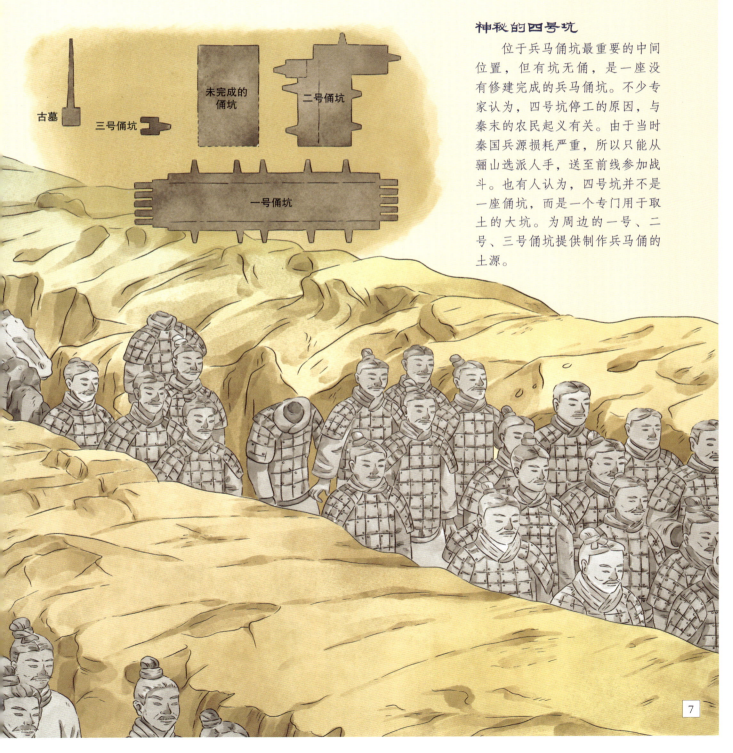

大秦帝国

　　春秋战国时期，周王室的权威日益衰落，诸侯崛起，各国为了争夺霸主地位，连年混战。诸子百家提出了不同的治国方案。其中有一个小诸侯国——秦国，在秦穆公、秦孝公等历代君王的努力下，经过商鞅变法，国力变得强大起来，成为战国后期最富强的诸侯国。秦国通过连年征战，先后灭掉了韩、赵、魏、楚、燕、齐六国，在公元前221年实现了统一。

商鞅变法

　　秦孝公即位后，任用卫国人商鞅在秦国实行"废井田、重农桑、奖军功、实行统一度量衡和建立县制"的变法运动。经过商鞅变法，秦国的经济得到发展，军队的战斗力不断加强，发展成为战国后期最富强的诸侯国。

秦国统一六国后，以咸阳为都城，北击匈奴，南下百越，其疆域在周王朝的基础上进一步扩大，东起辽东，西至玉门关、陇西，北抵长城，南达越南北部及中部一带，幅员辽阔。秦朝成为中国历史上第一个大一统王朝，结束了长期诸侯割据的局面，对后世影响深远。

战国七雄

战国七雄是指战国时期七个最强大的诸侯国，它们分别是：秦国、楚国、齐国、燕国、赵国、魏国、韩国。彼时群雄并起，互相攻伐，各国都想通过变法图强，以武力兼并其他诸侯国，成为天下霸主。

诸子百家

诸子百家是先秦时期对各个学术派别的总称。诸子百家中流传最为广泛的是儒家、法家、道家、墨家、阴阳家、名家、杂家、农家、小说家、纵横家、兵家和医家，形成了百家争鸣的繁荣局面。以孔子、老子、墨子为代表的三大哲学体系，对各诸侯国的发展起到了巨大的推动作用。

千古一帝

秦始皇嬴政（前259—前210）是我国历史上一位杰出的政治家和军事家。他13岁继承秦国的王位，22岁就掌握了国家的绝对权力。嬴政雄才大略，凭借卓越的政治手腕和出色的军事才能，用了不到10年的时间就灭掉了战国七雄中的其他六国，成为中国历史上第一个建立大一统王朝的帝王，对中国历史的发展产生了深远的影响。

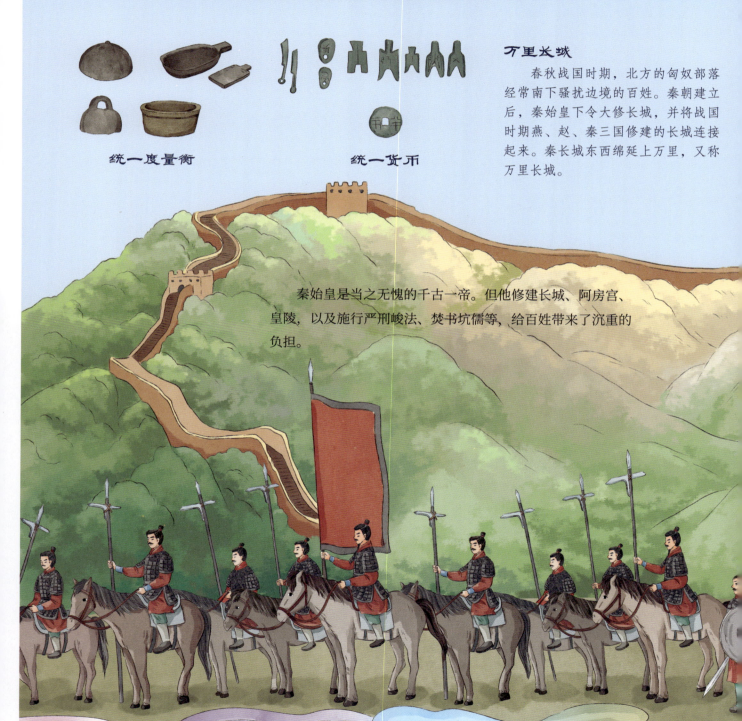

统一度量衡

统一货币

万里长城

春秋战国时期，北方的匈奴部落经常南下骚扰边境的百姓。秦朝建立后，秦始皇下令大修长城，并将战国时期燕、赵、秦三国修建的长城连接起来。秦长城东西绵延上万里，又称万里长城。

秦始皇是当之无愧的千古一帝。但他修建长城、阿房宫、皇陵，以及施行严刑峻法、焚书坑儒等，给百姓带来了沉重的负担。

秦灭六国后，嬴政自称"始皇帝"，后人称之为"秦始皇"。秦始皇修筑长城，建阿房宫；对外北击匈奴，南征百越，扩大了国家版图；对内加强中央统治，废除分封制，改行郡县制；他还实行书同文、车同轨、行同轮，统一文字和货币等措施，为中国两千多年的大一统局面奠定了雄厚的基础。他励精图治，功绩卓著，是中国历史上最伟大的帝王之一，被人称为"千古一帝"。

焚书坑儒

焚书坑儒其实是两个事件，即"焚书"和"坑儒"。前者是秦始皇为了加强自己的统治，下令将民间的大量藏书焚毁；后者是为了排除不同的政治思想和见解，将460多个儒生（实为江湖术士）坑埋。历史上把这两个事件合称为"焚书坑儒"。

事死如事生

秦始皇建立大一统王朝后，除了希望秦朝可以传到万世之外，还希望自己能够长生不老。他一边派徐福远去蓬莱，寻找能够让人长生不老的丹药，一边早早开始规划自己的陵墓。作为一国之君，他要将自己的陵墓修建得气派一点，殉葬品要安排得更丰富和珍贵一些。

传说，秦始皇曾计划征集4000对童男童女为自己殉葬。大臣李斯担心这样做会遭到百姓的反对，引发暴乱。于是他向秦始皇建议，以真人真马为模型，制作尺寸一样的陶俑，为他守护陵墓。秦始皇听后非常高兴，便让李斯征集全国的能工巧匠来制作陶俑。这些陶俑以守护咸阳城的宿卫军（现在的卫戍部队）为原型，配备实战兵器，并按照战场上的真实队形来排列。

徐福

秦代的著名方士，相传是鬼谷子先生的关门弟子。他博学多才，通晓医学、天文、航海等知识。据《史记·秦始皇本纪》记载，秦始皇二十八年（前219），徐福受秦始皇指派，率童男童女3000人东渡瀛洲，为皇帝寻找长生不老药。《日本国史略》记载："孝灵天皇七十二年，秦人徐福来。"

殉葬

殉葬也称"陪葬",是指将各种物品、牲畜甚至活人和死者一同葬入墓穴,以保证死者亡魂的冥福。用活人殉葬是一种非常残忍而愚昧的野蛮行为。

蓬莱

古代神话传说中神仙居住的地方,是海上"三神山"之一。《史记·秦始皇本纪》载:"齐人徐市(即徐福)等上书,言海中有三神山,名曰蓬莱、方丈、瀛洲。"

李斯

秦朝著名的政治家,他游说诸侯,离间六国君臣,辅佐嬴政统一了中国。秦朝建立后被任命为丞相,在秦朝的政治、经济和文化改革中发挥了很大的作用。

古人认为人死后灵魂不灭,将生活在另外一个世界。因此对待死人,要像对待活人一样,为死者建好阴宅,并进行各种祭祀活动,这就叫作"事死如事生"。在这种思想的影响下,历代的国君都很注重修建自己的陵墓。

见此图标 微信扫码 | 千军之谜 兵马俑篇

选址骊山

秦始皇陵位于陕西省西安市以东30千米的骊山北麓。骊山是秦岭山脉的一个支脉，东西绵延约25千米，南北宽约7千米。这里也是秦国的东陵区，秦始皇的父亲秦庄襄王就埋葬在这里。秦始皇陵坐西向东，背靠秦岭，面对渭水，地势高敞，犹如雄鹰站在高处睥睨四方；加上当地有温泉，又盛产黄金美玉，是一处绝佳的风水宝地。

秦始皇陵的修建工程，由秦国的丞相主持，从嬴政即位就开始动工，到公元前208年修建完成。吕不韦是秦始皇时代的第一位丞相，也是秦始皇陵的筹建者。而真正将修建工作推向高潮的是丞相李斯，李斯征用70万人修建秦始皇陵，由章邯将军负责具体施工。若再加上前后轮换的劳役，整个工程足足动用了200万人。

《水经注》记载："水出骊山东北，本导源北流，后秦始皇葬于山北，水过而曲行，东注北转，始皇造陵取土，其地于深，水积成池，谓之鱼池也……池水西北流途经始皇冢北。"

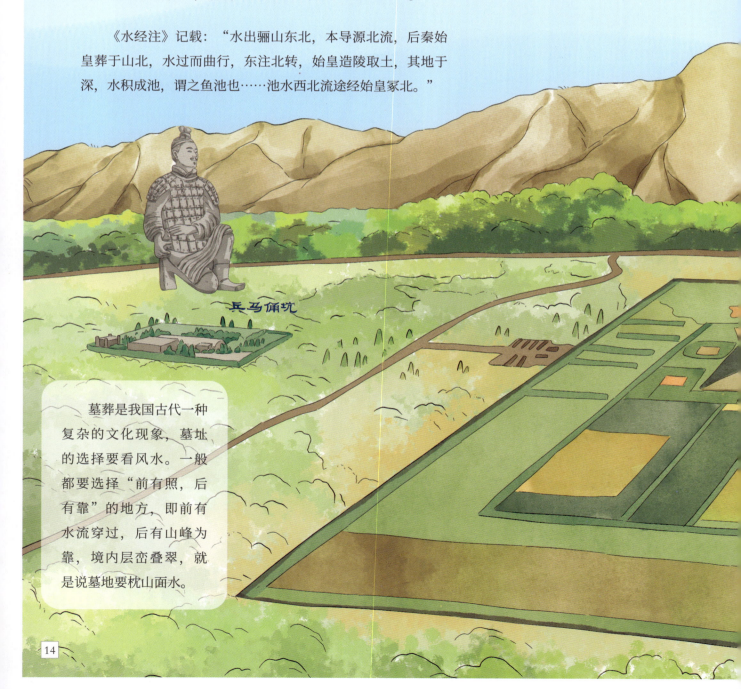

兵马俑坑

墓葬是我国古代一种复杂的文化现象，墓址的选择要看风水。一般都要选择"前有照，后有靠"的地方，即前有水流穿过，后有山峰为靠，境内层峦叠翠，就是说墓地要枕山面水。

吕不韦

吕不韦是战国末年的商人和政治家，秦始皇的第一位丞相。他早年通过买卖，累积千金家财。后在邯郸结识子楚（嬴政之父），并以千金助其登上秦国王位，又献赵姬，生秦王嬴政。嬴政登基后，吕不韦被拜为丞相。

居货

工匠

刑徒

秦始皇陵的修陵人主要由三部分组成

一部分是刑徒（犯了法而被判处徒刑的人，要戴着刑具从事繁重的体力劳动，地位最为低下）；一部分是居货（用劳役代替罚款的人，他们犯了法被判罚款，因无法交纳钱财而不得不用劳役代替，但不穿囚衣，不戴刑具，地位略高于刑徒）；还有一部分是官府和民间手工业作坊的工匠，他们绝大部分是自由身，他们掌握一定的技术，身份地位相对较高。

骊山

中国古代帝王陵墓大多坐北朝南。但考古学家经过考证发现：秦朝的陵墓都是同一个朝向，即坐西向东。

这是因为，秦朝统治者本是殷商遗民，坐西向东是为了铭记祖先东行的苦难；秦国位于中原的最西部，所以，他们要扩张领土，就只能东进。另外，坐西向东也暗示着秦始皇死后依然可以注视东方六国，为子孙奠定万世基业。

中国最大的陵墓

秦始皇陵完全依照都城咸阳的建制布局，分内城和外城，分别象征着帝都咸阳的皇城和宫城，这座陵园的奢华程度前所未有。它是中国历史上第一座规模庞大、格局最完整的帝王陵墓，也是世界上最伟大的文化遗产之一。

秦始皇陵以陵墓为中心、由内外两重城垣围就，外城垣西墙约2188米、东墙约2185米、北墙约971米、南墙约976米，面积约为2.135平方千米，包括陵墓、城门、陵寝建筑、园寺吏舍、陵园内的陪葬墓等。

陵

本义指高大突兀的山丘，后来引申为墓葬上高大的封堆。自春秋战国时期开始，用来指代宏伟的贵族墓葬。秦始皇陵出现以后，"陵"成为皇帝墓葬的专称。

帝陵

帝陵也称皇陵，一般由地上与地下两部分组成，地上部分是一座帝陵的脸面，包括陵园、寝庙建筑、阙台、封堆等，地下部分主要是地宫、陪葬坑和陪葬墓。

秦始皇陵的地下部分除了主墓室，内外城还有大大小小400多座陪葬墓。陪葬墓有皇族的墓，也有建造工匠的墓，还有很多陪葬坑，里面有铜车马、石铠甲、百戏俑等，规模宏大的兵马俑坑也只是其中的几座而已。

马厩坑

根据考古勘测，秦始皇陵地宫占地50多平方千米，大小相当于78个故宫。只可惜这座传说中的宏伟建筑，在楚汉争霸中，被项羽付之一炬，连同皇陵一同被焚毁的还有咸阳城和著名的阿房宫。

楚汉争霸

楚汉争霸又名楚汉战争、楚汉之争、楚汉之战等，是秦朝末年西楚霸王项羽、汉王刘邦两大集团为争夺政权而进行的一场大规模战争。最终，楚汉之争以项羽的西楚败亡，刘邦建汉朝而告终。

据史料记载，秦军溃败后，项羽攻入咸阳城，放火烧毁了阿房宫和秦始皇陵的地面建筑。

项羽火烧咸阳城

唐朝诗人杜牧的《阿房宫赋》中就有"楚人一炬，可怜焦土"的记载。

铜车马陪葬坑

便殿遗址

园寺吏舍

建筑遗址

陪葬墓区

秦始皇陵封土堆

百戏俑陪葬坑

上焦村马厩坑

兵马俑坑

见此图标 微信扫码　**千军之谜——兵马俑篇**

阿房宫

据说，阿房宫是秦帝国修建的一座大型朝宫，位于陕西省西安市西郊。阿房宫包含两大建筑群：一是前殿建筑群，二是"上天台"建筑群。其中，前殿占地约90个足球场那么大。阿房宫被誉为"天下第一宫"，与万里长城、秦始皇陵、秦直道并称为"秦始皇的四大工程"。

神秘的皇陵地宫

秦始皇陵的封堆和封堆下的地宫是皇陵的核心。据史书记载，秦始皇陵的封堆"高五十余丈"，封堆下面是一个异常宏大的宫殿，仿佛一个缩小版的地下王国。地宫内点着用人鱼油脂做成的长明烛，四周堆积着数不尽的奇珍异宝，墙壁上绘制着天地山川，水银在特制的河道内流淌，宛若江河湖海。

据考古学家测算，皇陵地宫内的水银含量非常高，目前尚未发现水银泄漏，由此推测出墓室应该保存得很完整。根据近年来考古学家的勘测，地宫位于地下35米，地宫中间是秦始皇的墓室，约有一个足球场大。

秦始皇的"江河大海"

考古研究证实，秦始皇陵封土的核心区域发现汞（水银）异常区。水银是一种银白色的液体金属，具有很强的挥发性，经过一番处理后，整个墓穴里气体样的水银会四散开来。在坟墓里的很多收藏品，包括皇帝的遗体不容易腐败，能够较好地保存下来。水银本身有剧毒，如果盗墓者进入了盛有大量水银的坟墓，就会因吸入过多水银蒸气而死亡。这就是千百年来秦始皇陵没有一个盗墓者能够得手的原因。

司马迁对水银的认识

史学大家司马迁在他的《史记》中记载，秦始皇相信"五德"，他认为一统天下后，他的大秦朝就是"水德"。他想象自己死后，仍旧在他庞大的帝国里悠游，如同天上的银河一样，所以他用水银灌满了自己的陵墓宫室，借助这样的"江河大海"，继续实行"水德"之治。

始皇初即位，穿治郦山，及并天下，天下徒送诣七十余万人，穿三泉，下铜而致椁，宫观百官奇器珍怪徙臧满之。令匠作机弩矢，有所穿近者辄射之。以水银为百川江河大海，机相灌输，上具天文，下具地理。以人鱼膏为烛，度不灭者久之。

——司马迁《史记·秦始皇本纪》

基于当前的技术水平和文物保护需要，人们对地宫的开掘仍持谨慎态度，目前尚无开掘地宫的计划。

盛大的仪仗

秦王嬴政兼并六国，创建大秦帝国后，为了宣扬威德，使原来六国的百姓从精神上对其臣服，以达到安定天下、成就万世基业的目的，在全国各地进行了六次大规模的巡视。秦始皇每次出巡都会带着大批人马，盛大的仪仗队伍连绵不绝，蔚为壮观，让人叹为观止。

《后汉书·舆服志》记载："大驾属车八十一乘，法驾半之。属车皆皂盖赤里……尚书、御史所载。最后一车，悬豹尾，豹尾以前，比省中。"秦始皇巡游，是秦帝国建立后最为隆重的大事之一，当然要用有属车八十一乘的"大驾"，一路上浩浩荡荡，威风凛凛。

古代的马车，除作为战争工具外，主要用于王公贵族出行乘坐，是权力与身份的象征。马车的等级区分主要体现在马匹的数量上，一般天子的马车有六匹马，即"天子驾六"，其他人逐级递减。什么等级的人，就用相应马匹数的马车。如果违反规定，后果十分严重，轻则当事人掉脑袋，重则抄家。另外，马车造型和装饰的华丽程度，也体现了等级区别。

扫码查看

AI地理导航　　听战马声纹
读陶土密码　　写秦陵奇旅

雕塑艺术的宝库

秦始皇陵拥有规模宏大的兵马俑雕塑群，俨然一座辉煌的艺术宝库。它为深入研究公元前三世纪秦代的军事、政治、经济、文化、科学和艺术等提供了极为珍贵的实物材料。秦始皇陵兵马俑以其雄伟的气势震人魂魄，令世界各地的人心驰神往。它既是中国人民的艺术珍品，又是世界人民的共同文化遗产。

秦始皇陵兵马俑之所以震撼世人，原因首推其卓越的艺术成就。几千件魁伟英武的大型陶塑艺术作品，以整体形象排列在将近20000平方米的空间里，气势磅礴，体现出秦人驾驭宏大艺术题材、追求整体气韵和艺术创造的卓越才能。

秦始皇陵出土的每一件作品几乎都达到形神毕肖、栩栩如生的艺术境界。它们千人千面、各具神态，喜怒哀乐，各不相同，表现出创作者高超的艺术素养和卓越的艺术技能。它们威严地肃立着，仿佛只要一声令下，就会重新披挂上阵，冲上战场。

见此图标 微信扫码

千军之谜
兵马俑篇

兵马俑的艺术特色

1．形体高大，崇尚写实，手法严谨。

2．类型众多，个性鲜明，形象生动。

3．在总体布局上，利用众多直立静止体的重复，造成排山倒海的磅礴气势，令人产生敬畏而难忘的印象。

秦始皇陵兵马俑不仅是我国雕塑艺术的宝库，更是我国古代历史和文化的见证。它体现了古代工匠的卓越技艺，也向我们展示了古人的智慧和勇气。

精美绝伦的文物

秦始皇陵出土了大量的陶俑、陶马，还有铜车马、青铜水禽、石铠甲、百戏俑等文物近8000件。其中的陶俑形象各异，神态微妙，栩栩如生。有的面带微笑，仿佛在诉说战场上的趣事；有的神情严肃，目光坚定，仿佛正在准备迎接一场生死决战。车兵、骑兵和步兵排列整齐有序，蓄势待发。这些精美绝伦的兵马俑气势雄伟，不仅是人类文化的奇观，更是中华民族的骄傲。

这些珍贵的秦代文物为研究秦代军事、政治、经济、文化、科学和艺术等提供了实物材料，不仅具有极高的历史价值和艺术价值，还具有极高的科学研究价值。它们一同构成了体量巨大、类型繁多、资源实体疏密度优良且独一无二的文化景观。

兵马俑的塑造以现实生活为基础，手法细腻、明快。每个陶俑的装束、神态都不一样，流露着秦人独有的威严与从容，具有鲜明的个性和时代特征。

兵马俑在刚出土的时候，面貌和纹路栩栩如生，颜色非常鲜艳。其中的跪射俑头发丝根根分明，手掌纹清晰可辨，让人叹为观止。

立车

又名高车，单辕驾四马。比较高大，其车厢敞开，上竖一高伞，御官站立在车上驾驶，又配有兵器，是用来打仗的战车。

发丝历历可鉴的跪射俑

在秦始皇兵马俑二号坑出土的跪射俑，被认为是所有已发掘清理出的数千尊兵马俑中保存最完整的，且没有经过人工修复。这尊跪射俑的发髻、鬓发、手指甲，以及脚穿的千层底布鞋都刻画得非常细致，展现了秦代工匠的高超技艺。跪射俑是兵马俑中的艺术杰作，其腰部曾发现彩绘残迹，印证了秦俑原本绚丽的视觉效果。尽管颜色因氧化难以长期保存，但其精湛的工艺和战术细节仍使其成为研究秦代军事与雕塑的珍贵实物，被誉为秦始皇兵马俑博物馆的"镇馆之宝"。

有3500多个构件的铜马车

秦始皇陵出土的两驾铜马车——安车和立车，均由青铜铸造，所用零件有3500多个。每驾马车均由4匹骏马牵引，骏马身形矫健，马头、马身上的绳索、装饰、璎珞都惟妙惟肖。虽然它们只有实物马车的一半大小，但其制作精美，与真车几无差异。完整的结构、精妙的造型、细致的摹写和精心的制作，这两架凝集了古代匠人高超技艺和精湛艺术的铜车马堪称中国古代青铜铸造和制作工艺史上的典范，是中国考古史上出土的体形最大、结构最复杂、系驾关系最完整的古代车马，被誉为"青铜之冠"。

陶器　　　　石甲胄　　　　乐府钟　　　　青铜鼎

安车

是一种有盖的轻便小车，车厢分为前后两室，前室仅容御手驾驶，后室供主人乘坐，四周封闭，两侧开窗。车厢内外遍施精美纹饰，主要供女子乘坐。

类型多样，分工明确

秦始皇陵出土的兵马俑多种多样，主要包括军官俑、军吏俑和士兵俑。这些陶俑做工精细，比例匀称，形态各异，栩栩如生。如将军俑身材魁伟、高大，或深谋远虑，运筹帷幄；或老成持重，遇事不惊。而兵俑作为军阵的主体，在俑坑中出土的数量最多，包括步兵、骑兵、车兵三类。根据实战需要，不同兵种的武器装备各异。这些陶俑面容上都流露出秦人独有的威严与从容，具有鲜明的个性和强烈的时代特征。

秦始皇陵出土的兵马俑皆仿真人、真马制成。其中，武士俑高约1.8米，面目各异，可从服饰、甲胄和排列位置区分出它们的不同身份。

将军俑是目前俑坑中级别最高者，在战争中起举足轻重的作用，秦始皇陵出土的将军俑屈指可数。

骑兵

上身着短甲，下身穿长裤，足蹬短靴，头戴圆形小帽，行动非常敏捷。

兵俑，分步兵俑、骑兵俑和车兵俑三个兵种，每个兵种又有士兵、军吏和将军的区别。

将军俑身材魁梧，头戴鹖冠，身披铠甲；军吏俑身穿齐膝长襦，外披胸甲，头戴双版长冠；士卒俑戴介帻或束发挽髻，身上铠甲的甲片疏且大。

将军

外披鱼鳞甲，头戴鹖冠。体格健壮，指挥沉着。

战车

秦兵马俑坑出土的战车具体有四类：指挥车、驷乘车、战车和副车。战车由4匹马拉着，车上一般乘站3人，中间一人负责驾驶，左右两侧的人执戈、矛或弓弩等武器负责战斗。

车夫

也称驭手，就是战车上负责驾驶的人。车夫虽然不负责打仗，但也是整个战斗中不可或缺的人物。车夫依靠精湛的驾车技术，选择时机进行冲杀战斗。

弩兵

秦始皇陵出土的弩兵俑，分站射俑和跪射俑两种。

步兵

身穿铠甲，持长柄兵器，神态十分威武。

五彩斑斓，千人千面

　　秦始皇陵出土的兵马俑，是秦朝工匠高超的艺术素养和艺术技能的结晶。这些巧夺天工的兵马俑，以现实生活为基础，以真人为原型，千人千面，喜怒哀乐，各不相同，达到了形神毕肖、栩栩如生的艺术境界，是秦朝历史、社会生活的真实记录和见证。

　　事实上，兵马俑是有颜色的，五彩斑斓，异常鲜艳。刚完工的兵马俑，其中就包含有红、褐、蓝、绿、黑、白、紫等多种颜色，再加上深浅浓淡的变化，兵马俑的颜色就有十几种之多。学者分析发现，构成兵马俑的主要色彩是粉绿、朱红、粉紫和天蓝这4种。

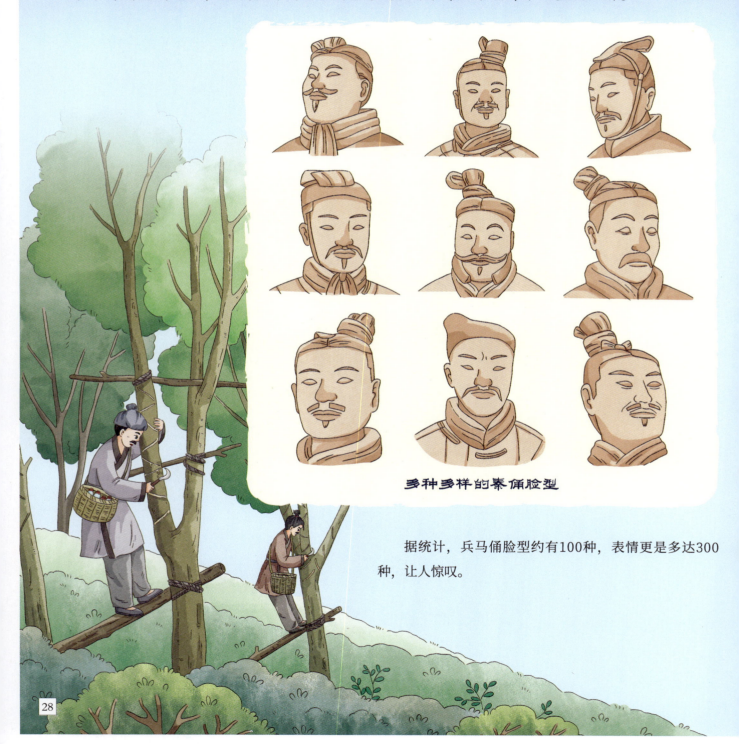

多种多样的秦俑脸型

　　据统计，兵马俑脸型约有100种，表情更是多达300种，让人惊叹。

兵马俑众多颜色中出现的紫色，其颜料是由人工合成的硅酸铜钡，并非直接提取自矿石。这种一般被认为出现于20世纪80年代的技术，在中国秦代甚至更早的战国时期便已纯熟，遥遥领先于世界。

黑色（无定形碳）

红色（朱砂、铅丹）

紫色（铅丹与蓝铜矿合成）

蓝色（蓝铜矿）

褐色（褐铁矿）

绿色（孔雀石）

白色（高岭土、铅白）

独特而神秘的彩绘工艺

兵马俑身上的颜色由两部分组成，第一层是生漆层，第二层是颜料层。生漆是一种天然涂料，由漆树的树脂加工而成，在古代非常珍贵。所以，工匠们便在生漆层的外面又涂上了各种颜色，从而绘制出五颜六色的兵马俑。可是，随着时间的推移和环境的变化，深埋地下的兵马俑一旦和空气接触，颜料就会迅速变干脱落。这也是我们看到的兵马俑大多呈灰色的原因，原有的表面彩绘已损失殆尽，仅有少数陶俑在出土时保留了颜色。

分身烧制，物勒工名

传说，在刚开始烧制兵马俑的时候，在烧制过程中陶俑经常出现爆裂的现象，成品率极低。聪明的工匠们就转变思路，将陶俑分开烧制，没想到一举成功。后来，人们就将兵马俑分成不同的部件，烧制成型后再进行组装。

陶俑制作三步骤

1. 塑形：用泥塑成俑的粗胎；
2. 修饰：在俑粗胎的基础上，进行第二次覆泥并加以修饰和细部刻画；
3. 组装：将单独制作的头、手和躯干组装套合在一起，完成陶俑的组装工作。

秦始皇陵出土的兵马俑可谓千人千面，各不相同，带给世人无穷的震撼。这与陶俑制作中遵循的"物勒工名"制度密不可分。陶俑在制作的时候，便一并刻上了工匠的名字，后期万一出了质量问题，就可以直接追究该工匠的责任。

陶俑工艺

制作兵马俑的主要原料是黄土。工匠们通常会就地取材，将黄土筛选和淘洗以去除杂质，加入石英砂进行调和后，放进特制的模具里，制出兵马俑各种配件（躯干、俑头、俑手及装饰件等）的粗胎。接下来工匠们会在粗胎上覆盖一层细泥，然后雕刻出衣领、衣襟和盔甲等，并进行人物的五官细部刻画。

制成的陶俑粗胎一般是在阴干后放进窑内焙烧的，焙烧的温度约为1000℃。陶俑烧成出窑后，再一件件进行绘彩，然后将各种配件进行组合，最终完成陶俑的制作。

陶马

　　在秦始皇陵兵马俑坑中，除了埋藏着7000余件的陶制兵俑，还有600多匹陶马。陶马有两种，即战车用的车马和骑兵用的鞍马。车马背上无鞍，束以缰绳；而鞍马背部则有浮雕式的鞍鞯。车马的尾毛绾（wǎn）结，以防止行车过程中垂散的尾毛和挽车的绳索缠绕，发生惊车事故；鞍马的尾巴则编成长辫形，既便于维持马匹奔跑和转弯时的身体平衡，又看上去整洁美观。这些四肢修长、形神兼备的陶马，其制作工艺和烧制技术难度都非常大，充分反映出秦代的制陶和焙烧技艺已经达到了极高的水平。

　　陶马的制作方法与陶俑一样，先将整件陶马分解为马头、马颈、躯干、四肢及尾等多个部件，分别制作后拼装黏合成为粗胎，然后在粗胎上二次覆泥，并进行仔细的修饰和雕刻，才最终完成陶马的塑造。整个陶马待阴干后再入窑火烧，陶马的适当的部位还留有通火和透气的圆孔。最后进行彩绘，完成陶马的制作。

车马

秦人以养马起业，他们深知战马在作战中的重要地位，所以，牵引战车和骑兵都选配最优秀的马匹。

鞍马

精湛的彩绘工艺

　　制作兵马俑的最后一道工序是彩绘。彩绘在秦代是一项相当精湛的技艺，被广泛应用在兵马俑的外部装饰和内部衣着上。

　　工匠们在烧好的陶俑上先涂抹一层清漆，再刷上各种所需的颜料。清漆不仅能让陶俑的表面变得光滑明亮，而且能使兵马俑整体看上去更加生动逼真。

　　俑坑出土的陶俑原来都带着精美的彩绘，但因在地下埋藏的时间太久，出土时彩色大部分已经脱落，仅有个别陶俑残存的颜色还色泽如新。考古学家通过对出土陶俑身上的彩绘进行统计和分析得知，秦俑的服色种类很多，上衣的颜色有粉绿、朱红、枣红、粉红、粉紫、天蓝、白色、赭石色等，领、袖、襟边等处还镶着彩色边缘。裤子的颜色一般为粉绿色，还有红色、天蓝、粉紫、白色等。

彩绘三步骤

　1. 涂色，将整个兵马俑表面涂上一层灰白色的底漆，然后根据不同需求，刷上各种矿物颜料。
　2. 描绘，根据设计图案，利用黑线将不同颜色的部分区分开，然后描出各种细节和纹饰。
　3. 定色，在描绘完成后，用色墨进行调整，使整体色调更加和谐自然。

唐三彩

　　唐三彩与兵马俑都是陶器。与兵马俑不同的是，唐三彩的釉彩是在烧制前就涂在了陶胎上，经过烧制后，颜色可以经久不褪，鲜艳如新。因其釉彩以黄、绿、白三色为主，所以人们习惯称之为"唐三彩"。

绿脸俑

　　绿脸俑是考古学家1999年在二号坑挖掘出来的，它是唯一一个脸部被涂成绿色的跪射武士俑。这个俑除了头发、胡须、瞳孔是黑色外，脸部颜色全是用石绿颜料涂成的绿色，和人们熟悉的肉红色或粉白色面孔的俑完全不同。绿脸俑的出现给兵马俑增添了一份神奇的色彩，关于绿脸俑的身份和来历，专家们至今尚无定论。

气势恢宏的秦军阵

古代打仗讲究阵法，就是根据地形和敌我双方的情况而布置战斗队形，也是一种战术。秦军能横扫中原，灭六国，完成一统天下的霸业，运筹帷幄的战略和高超的战术也是其取得成功的重要因素。在军阵内合理配备兵力，多兵种协同作战，即使敌众我寡，也能以柔克刚、以弱胜强。

古代长兵器与短兵器的划分，没有严格的尺寸标准，一般不及身长，多将能单手操持格斗的冷兵器列为短兵器。短兵器以钺（yuè）、斧、刀、匕首、剑、金钩为代表，适合近身搏斗；长兵器以棍、矛、戈、戟（jǐ）为代表，具有攻击范围大、操作灵活、可先发制人的优点，更适合在战车上使用，远距离杀敌。

俑坑中最多的是武士俑。武士俑兵种繁多、等级分明、阵容整齐，体现了秦朝军队的严谨编制和强大武力。整个秦始皇陵兵马俑就是秦军的一个战斗群，按兵种被划分为多个方队。各战斗部可协同合作，也可独立作战。它们井然有序、等级分明，是一个多兵种合成的庞大军阵。这些按照军阵排列的兵马俑，生动地再现了秦军雄兵百万、战车千乘的恢宏气势。

铍（pī）

古代的一种兵器，双刃刀。一说是大矛。

戈

商周时代常用的一种兵器。有长柄，在前端旁边装有横刃。后来"戈"常用作兵器或战争的代名词。

戟

古代兵器，青铜制，是戈和矛的合体，有长柄，能刺杀也能勾杀，杀伤力极强，在车战中大量使用。

青铜

是金属冶铸史上最早的合金。在纯铜中加入锡或者铅，由两种金属一起冶炼而成。青铜铸造性好，耐磨且化学性质稳定，多用来做兵器、乐器和盛酒水的器具。

俑坑的建造

　　兵马俑坑是盛放兵马俑的建筑空间，它是一个地下坑道式的土木结构建筑。

　　坑道的建造是一个庞大而复杂的工程。工匠们首先根据所表现内容的不同，挖成不同大小、形制的土坑，再在坑的中间筑起一道道平行的土隔墙。然后在墙的两边排列木质立柱，柱上置横木，横木和土隔墙上密集地搭盖棚木，棚木上铺一层芦席或竹席，并覆盖黄土逐层夯实，从而构成坑顶，坑顶高出当时的地表约2米。俑坑的底部用青砖墁（màn）铺。坑顶至坑底内部的空间高度为3.2米。最后将陶俑、陶马放进俑坑后，用立木封堵四周的门道，门道内用夯土填实，于是就形成了一座封闭式的地下建筑。

坑内一道道的夯土隔墙一方面可将俑坑相隔成一条条过洞，另一方面为搭设木材，起承重作用。隔墙的两侧及坑道的四周间隔排列木质立柱，立柱下端用枋木打底，上端再横置梁枋，覆盖的席子与青膏泥能防止雨水进入坑内，从而形成一个个"井"字形的木构立柱框架。

《史记·秦始皇本纪》中记载："隐宫徒刑者七十余万人，乃分作阿房宫，或作丽山。发北山石椁，乃写蜀、荆地材皆至。"蜀，是指现在的四川一带；荆，是指荆楚。这说明秦始皇修筑宫殿和陵园所用的木材，应来自今天的四川和湖北、湖南大部分地区。

秦始皇陵的木材大多来自秦岭以南：

1．秦岭以北受自然环境制约，林木资源匮乏。

2．关中地区从西周开始，农耕经济发达，人口密集，给本地区的林木资源带来消耗和破坏。

3．战国时期，秦国三次搬迁国都，秦始皇又大兴土木，关中地区的林木资源早早就被消耗殆尽。

4．蜀、荆地区气候条件适宜，森林资源丰富。

兵马俑的损坏

　　秦始皇兵马俑是中国著名的古代文物之一，也是世界上规模最大、规格最高的陶俑群。但在出土之前，它们在俑坑中大都是东倒西歪、支离破碎的，考古专家花费了大量的时间和精力，才将它们拼装复原。

　　关于兵马俑损坏的原因，目前还没有一个权威的答案。有人认为是陶俑过于古老，长时间的自然风化所致，也有人认为是当地气候干燥，地下水位下降所致。历史上，兵马俑也曾遭到人为的破坏，俑坑中至今还能清晰地看到火烧的痕迹，以及直达坑底的盗洞。

兵马俑坑道的构造
　　坑道底部以青砖墁铺，两侧竖以立柱，顶部则以粗壮的棚木密集铺设。

在俑坑的土隔墙上和隔墙两侧的柱洞处，可以看到许多残留的黑色炭迹和一层坚硬的红烧土。在一号坑、二号坑和三号坑也可以看到很多损坏严重的陶俑碎片。这些现象表明秦始皇兵马俑坑曾经遭到人为破坏和大火焚烧。

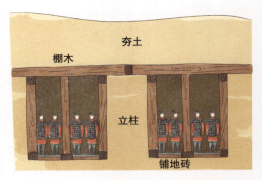

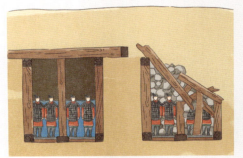

兵马俑受损示意图

考古专家曾在二号俑坑的东端发现三个盗洞，洞口内都有火烧和烟熏的痕迹，并都穿过了俑坑填土和上层棚木，进入了放置陶俑的过洞。这表明，盗墓贼曾进入俑坑，在对俑坑中的陪葬品进行破坏和搜掠后，又放火焚烧。

兵马俑的修复

　　威严高大的秦始皇兵马俑是西安的象征，也是中华文明的精神标识、中国文化对外的名片。可你知道吗？不少兵马俑并非一出土就是威风凛凛的完整之体，而是专家们从考古现场一堆堆的碎块中拼接出来的。

　　秦始皇兵马俑自发现以来，考古修复专家对陶俑的清理和修复工作就从未停止。每一个兵马俑从碎片到完整复原，都是一个漫长而琐碎的过程，往往需要几名专家花费数月的时间才能完成。这些修复专家也因此被媒体亲切地称作"为世界第八大奇迹治病的医生"。

第一步，采集信息

　　考古工作者将发掘出的陶俑收集起来，并用文字、绘图、照相等方法将其残破状况、陶片上的印迹印痕详细记录下来。

第二步，检测分析

　　对清理过程中发现的重要信息进行提取和分析，并根据分析结果采取相应的保护措施。

第三步，清理及清洗

遵循"边清理，边保护"的原则，对收集到的陶片进行清理和清洗。去掉彩绘表面的浮土和内部及荐口处的泥垢。

第四步，保护处理

陶俑出土后，其身上的彩绘会出现龟裂和脱落等现象。故在清洗过程中，须对陶片上的彩绘、漆皮等进行保护处理。

第五步，拼凑和黏结

依据"取大优先"原则，对陶俑碎片进行拼接，并按照自下而上的顺序对陶俑碎片进行黏结。

知识问答

1.秦始皇兵马俑陪葬坑距今有多少年历史了?

据考证,兵马俑陪葬坑建设的时间段为秦始皇统一六国(前221)到他被埋葬在陵墓(前210),距今已有2000多年了。

2.秦始皇陵和兵马俑为什么建在临潼?

兵马俑坑只是秦始皇陵众多陪葬坑中的一座。秦始皇陵选址骊山与秦始皇的祖辈埋葬于骊山西麓有关,但骊山西麓地区剩余的空间不足以设置如此大规模的陵墓,而将秦始皇陵建设在骊山北麓既靠近他祖辈的陵墓,也符合礼制;此外,骊山北麓也是传统的山水名胜之地。秦始皇陵地宫的位置就刚好处于山前冲积扇群形成的鱼脊形地带上。

3.当初参与修建秦始皇陵墓的工人是不是都被活埋了?

《史记·秦始皇本纪》记载:"葬既已下,或言工匠为机,臧皆知之,臧重即泄。大事毕,已臧,闭中羡,下外羡门,尽闭工匠臧者,无复出者。"意思是:秦始皇帝下葬完毕,有人说是工匠制造了机械,墓中所藏宝物他们都知道,宝物多而贵重,这就难免会泄露出去。隆重的丧礼完毕,宝物都已藏好,就封闭了墓道中间的一道门,又把墓地最外面的一道门放下来,工匠们全部被封闭在里边,没有一个再出来的。另外,经考古发掘,在秦始皇陵附近发现3处修陵人员的墓地。

4.人们公认的世界八大奇迹都有哪些?

埃及胡夫金字塔、巴比伦空中花园、阿尔忒弥斯神庙、奥林匹亚宙斯神像、摩索拉斯陵墓、罗德岛太阳神巨像和亚历山大灯塔是国际公认的七大奇迹,再加上中国陕西西安的秦始皇陵兵马俑,合称世界八大奇迹。现仅存埃及胡夫金字塔和中国秦始皇陵兵马俑,其他六大奇迹已损毁。

5.秦始皇陵面积广大,其巨大的封土都取自哪里?

北魏郦道元的《水经注》中提到由于取土修建秦始皇陵而形成了鱼池。通过分析,秦始皇陵的封土既有纯净的夯筑的细黄土结构,也有夹杂砂石较多的粗夯土结构,二者明显来自不同的区域。前者应该来自陵园周边区域的黄土层,也不排除来自鱼池区域;而后者从提高工作效率的角度来看,应该来自陵园南侧的山前地带。

6.秦始皇陵是否被焚烧、盗掘过?

文献有秦始皇陵被焚烧和盗掘的记载。目前的考古发现表明,整个秦始皇陵实际上是一场大火焚烧后的火场遗存,包括兵马俑坑在内的大量陪葬坑、地面建筑等都有明显的过火痕迹,同时也有人为破坏迹象。但是目前的考古发现,没有证据表明秦始皇陵的主墓室被焚烧和盗掘过。

7.单个兵马俑有多重?

兵马俑的类型较多,形体差异较大。单个陶俑的平均重量约180千克,最轻的是跪射俑,重约100千克。

8.秦始皇陵里的兵马俑为什么都是男性,有没有女性呢?

秦代都是男子服兵役。从秦兵马俑坑考古发掘情况看,俑坑已出土的各类陶俑均为青壮年男子的形象,未发现女性陶俑。从俑坑出土陶俑的排列规律看,秦兵马俑坑以后发现女性陶俑的可能性不大。

9.秦始皇陵墓内部的结构是什么样的?真的有日月星辰、江河湖海吗?

《史记》描述:"宫观百官奇器珍怪徙臧满之。令匠作机弩矢,有所穿近者辄射之。以水银为百川江河大海,机相灌输,上具天文,下具地理。以人鱼膏为烛,度不灭者久之。"这是关于秦始皇陵的记载中最为详尽的部分,也是后世文献中发挥最多的部分。后来的文献对这些记载多有变通和增加、演绎。目前有学者认为秦始皇陵墓内结构实际上是一个宇宙模型,这也是秦始皇陵最吸引人的地方。

10.以兵马俑为题材的影视作品有哪些?

以兵马俑为题材的文学作品,如诗歌、影视、绘画、报告文学、小说、散文等,为数众多。与兵马俑相关的影视作品在20世纪90年代就已出现,有电影、电视、纪录片、动漫等多种形式,以适应不同年龄段观众的需求。人们熟知的有《秦俑》《古今大战秦俑情》《兵马俑》《复活的军团》《神话》《大秦帝国》《秦始皇》等。

——内容参考自西安市临潼区委宣传部官方微信号

学以致用

通过对本书和鲁教版三年级下册的《秦兵马俑》的阅读，我们知道，秦始皇陵出土的兵马俑有将军俑、武士俑、骑俑和车兵俑等，他们分工明确，各司其职，具有鲜明的个性和强烈的时代特征。请将不同类型的兵马俑与对应的个性特征用线条连接起来，并将序号标注在对应的图片上。

兵马俑的类型	兵马俑的个性
①将军俑	A.威武严肃，随时待命
②武士俑	B.久经沙场，肩负重任
③骑　俑	C.驾驭车辆，掌握方向
④车兵俑	D.张弓搭箭，射击敌人
⑤弓弩手	E.等待号令，准备冲杀

栩栩如生，充满个性和灵气的兵马俑，是由秦朝的工匠们手工制作的。其制作工艺非常复杂，需要经过多个步骤才能完成。

兵马俑正确的制作顺序是：＿＿＿＿＿＿＿＿＿＿＿＿＿＿＿＿＿＿＿

请将制作步骤的名称标注在图片上。

A. 塑五官等细部　　　　B. 套合、黏结　　　　C. 用陶模翻出胎型

D. 用泥做材料　　　　　E. 阴干焙烧　　　　　F. 彩绘

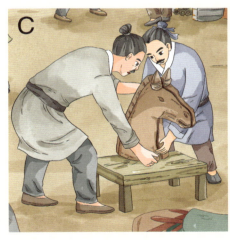

图书在版编目（CIP）数据

兵马俑 / 姚青锋，李金闯主编 ; 书香雅集绘.
长春 : 吉林科学技术出版社，2025. 4. -- （少年中国地
理 / 姚青锋主编）. -- ISBN 978-7-5744-2007-6

Ⅰ. K878.9-49

中国国家版本馆CIP数据核字第2025MR1322号

少年中国地理
SHAONIAN ZHONGGUO DILI

兵马俑
BINGMAYONG

主　　编	姚青锋　李金闯
绘　　者	书香雅集
出 版 人	宛　霞
责任编辑	李思言
助理编辑	丑人荣
幅面尺寸	210 mm×285 mm
开　　本	16
印　　张	3
字　　数	38千字
印　　数	1～5000册
版　　次	2025年4月第1版
印　　次	2025年4月第1次印刷

出　　版　吉林科学技术出版社
发　　行　吉林科学技术出版社
地　　址　长春市福祉大路5788号出版大厦A座
邮　　编　130118
发行部电话/传真　0431-81629529　81629530　81629531
　　　　　　　　　　81629532　81629533　81629534
储运部电话　0431-86059116
编辑部电话　0431-81629516
印　　刷　武汉市卓源印务有限公司

书　　号　ISBN 978-7-5744-2007-6
定　　价　39.80元